outros lagartos
Mateus Magalhães

cacha
lote

outros lagartos

Mateus Magalhães

para beatriz

One morning he awoke in a green hotel
With a strange creature groaning beside him
Sweat oozed from its shiny skin

Is everybody in?
The ceremony is about to begin

Jim Morrison
"The Celebration of the Lizard" – The Doors

I. OUTROS LAGARTOS

PITANDO

qual história esconde
o corpo morto?

no cansaço do cachimbo
essa memória se entrelaça

para vocês, estas palavras
rastro de quem já passou

são só lembranças de deus
para vocês

L'ÉTRANGER

derramei a gota
do sangue vigilante

bebi vinho
da boca das bacantes

fui sacrificado na cidade
entre as nuvens

tal qual jesus
fui um estrangeiro

TREVAS ARRANCADAS

silêncio e prata
compartilham segredos

enquanto nas sombras
dançam fantasmas

o céu se inclina
pra beijar o chão

entre ruínas
e pedras antigas

passos ecoam
memórias perdidas

na poeira do tempo
estes segredos dormem

são histórias esculpidas
no coração da terra

A ORIGEM

perpetua-se a memória
entre os prédios cinzentos

da lua aquosa
e da transitória beleza

penso na precisão
com que você escreve o
silêncio

observo
alucinado

nossa intimidade sorridente
no calor da década

O NOME ABSOLUTO

meu principal atributo
é a eternidade

desintegro a cidade
e a estrela de sangue

decifra este mistério
meu amor

arrasta o dedo
sobre estas arestas

tateia firme
toda assimetria

desvenda
meu nome secreto

TANIT

te imagino
futurível

tomada pela luz
urbana

a violência avança
sobre as ruas

e o nosso amor
dança pela noite

PORTO PRÍNCIPE

tornar-se uma impossibilidade
histórica

tornar-se
a própria história

carne fatiada
de boi na índia

coxas quentes
desnudas na patagônia

casas de suíngue
no iraque xiita

um socialista
na casa branca

ser o que és
estar onde estás

18   um pombo
      comendo quiches

      operários
      na lista vip

      ex-escravo comendo o ouro
      de porto príncipe

UM GOSTO DE ACEROLA

sonhei com um demônio
do passado

mais precisamente
de um mundo de miragens

ele veio me lembrar
de um texto

e de um gosto
doce na boca

A DANÇA

na minha mão
o relógio parado

ecoa a canção
do agora

nas veias da cidade
corre a vida

como o brilho da estrela
que já não existe

cada um carrega
a sua história nessa dança

cores de fogo
beijam o chão

NOITE SEM FIM

pra cada onda
um pedaço de céu

que se perde
na água

a noite chega
num sussurro de estrelas

no silêncio branco
espero o despertar do sol

VENTO ENTRE AS DUNAS

sobre as dunas
o vento desenha

linhas na areia
que nunca se fixam

meus olhos veem
terras distantes

o mundo diminui
nas minhas asas

na selva de concreto
a vida desdobra

um novo mistério
a cada esquina

ASAS DE SEDA

a noite veste
asas de seda

dança
em silêncio

sobre meu
velho pesadelo

os olhos brilham
como estrelas caídas

silhuetas se entrelaçam
buscando clareza

o horizonte se quebra
no mundo dividido

entre realidade
e sonho

ESTRANHA SIMETRIA

no pequeno espaço que ocupo
me aperto entre duas memórias

sou apresentado a uma história
tão triste quanto a minha

pegadas se estendem praia abaixo
em movimento circular

e a lua se esconde atrás
do único prédio da paisagem

NAS PLÊIADES

há muitos séculos de distância
na altura barulhenta
das estrelas

guardei o vento e a violência
das minhas velhas batalhas

no chão fiquei com labirintos
e com a repetição continuada
de memórias trágicas

LAGARTOS

réptil repulsivo
rápido feito
revólver

rápido feito
réptil

lagarto de
língua roxa
lambe
meus pés
à noite

réptil repulsivo
rápido feito
revólver
repuxa língua
de estricnina

repulsivo revólver
réptil feito rápido
repuxa língua
de estricnina

debaixo da saia
das meninas

OUTROS LAGARTOS

língua
lá longe
apita

na cama
meu amor
me chama

língua
bem perto
lasciva

de arame
meu amor
me lambe

OUTRO LAGARTO

do rabo abandonado
a tremer no mato
nasce outro lagarto

nesse instante
crava-se a faca
no corpo de
alguém
sem nome

do anônimo frio
assassinado
ao invés de lagarto
nasce outro homem

NOVE ANOS

picolé de melão na sua boca
e a minha rola, triste figura,
cravejada pelos teus dentes
nas minhas roupas amassadas
em qualquer lugar da cama

nove anos é muito tempo
pra conseguir amar alguém

II. ESTRANHA SIMETRIA

CONFESSO…

entre o segundo e o terceiro livro
haverá um intervalo de alguns anos

dois mil quinhentos e
cinquenta e seis dias

escreve e apaga
reescreve e desiste

entre a imitação
e o incipiente

está a poética
dos sete anos

34   *caio valério catulo*
viveu no primeiro século

deixou como lembrança
um livro

com pouco mais
de cem poemas

em sua época, poetas latinos homenageavam
poetas gregos do passado de maneira peculiar

emprestavam-se de versos ou até de poemas inteiros:
àqueles dias a imitação era homenagem

catulo homenageou bastante gente
como calímaco de cirene e safo de lesbos

em seu repúdio aos poemas
longos e épicos:

*"um grande livro
é igual a um grande mal"* [1]

rompendo com o passado
literário romano

---

1   Trecho do epigrama 28 de Calímaco de Cirene. Tradução de João Angelo.

O TERCEIRO LIVRO

venho atualizar minha poética
não quero mais ser essa criança

corro a catulo pra buscar
alguma coisa:

Meu pau no cu e na boca vou meter-
-vos,
Aurélio tão veado e Fúrio chupador,
que me julgastes não ter nenhum pudor
no desvalor de meus breves, suaves versos

[...][2]

villon responde
e iguala a putaria:

[...]

E volte sempre se o cio trouxer queimor,
Aqui no bordel onde levamos a vida.

[...][3]

---

2   Abertura do poema "16", de Catulo. Tradução de Afonso Henriques Neto.

3   Trecho do poema "Balada da gorda Margot", de François Villon. Tradução de Afonso Henriques Neto

36

o tempo da poesia é superposto
e preserva e revive a herança
de poetas em continuidade

poéticas dialogam além-tempo
colidem, ruidosas
sem dar atenção às eras

as afinidades se chocam
e se retroalimentam

constroem ponto de contato
entre fogos poéticos

desde que comecei a escrever
criei uma poética de colisões

triangulando minha vida
às cidades e a outras obras
eu construí as melhores imagens
que estavam ao meu alcance

dialoguei discretamente
com várias figuras da poesia
e das artes

dessa vez quis trazer isso à superfície
e contar todos os detalhes dessa história

dessas histórias, que colidem
barulhentas

dessas poéticas superpostas
e suas diacronias

38   *cícero odiava catulo*
a quem chamou de imaturo

ezra pound amou catulo
mil e oitocentos anos depois

ezra pound amava safo
a quem chamou de intraduzível

ezra pound citou villon
como grande professor de poesia

ao lado de catulo
é claro

ezra pound nunca falou
de cícero

não gosto do que escrevo
já faz uns anos

retorno devagar aos clássicos
em busca de um paraíso perdido

catulo me arranca um verso à força
villon me olha atento da janela

meus poemas farão parte
de uma história

40   *william blake viu a cara de deus*
da janela de casa

pouco depois
da árvore cheia de anjos

françois villon viu a cara de deus
no rosto de um padre

e esmurrou-o sem motivo
em 1445

eu nunca vi a cara de deus
como vou escrever o poema?

RETORNO A GINSBERG

ginsberg também viu
a cara de deus

com um empurrãozinho
de místico selvagem

iluminação em
não sei quantos microgramas

pego o mesmo atalho
sem ver nada

acordo sobre
a mesa

volto a escrever
e leio o poeta

LENDO PIVA

sou um aluno das árvores
rumo às estepes eternas

onde a flor negra atravessa
a sombra

quero ver estrelas
refletidas em seus olhos

adornos de um deus
renascendo no caos

contra as libélulas
pelos caranguejos

PARA PASOLINI

tesão de leão enjaulado
doido pra comer pipoca no parque
e andar na roda gigante
com a morte a noite toda

as forças do passado
se rearranjam no poema
do meu jazz favorito
que ainda não compuseram

você tenta fugir
do novo deserto
mas para paul auster
ele anda contigo

na manhã livre
o coração respira

44   OUVINDO DYLAN

sua boca com gosto
de derby azul

deixando o cheiro
pela casa

daqueles dias
em que eu fumava

é tudo carmim
e rosa-carvão

tudo conversa transitória
e mutação

QUANDO KADJI FEZ 34 ANOS

compreendeu a tristeza dos homens loucos
caminhou absorto pelas ruas de paris à noite
observou pombos acasalarem
sentiu fome e sede no ramadã
assistiu na tevê a um jogo do barcelona
largou seu emprego de farmacêutico
sonhou com sua mãe morta
acordou nervoso numa manhã de terça-feira
deslocou-se à estação de metrô mais próxima
& explodiu-se

EU SOU UM TRAFICANTE DE PLÁSTICO

à sombra dos prédios da universidade
o poeta limpa a poesia das calçadas

tudo o que a cultura aceita é
é injusto para os sentidos

preparo-me para os socos da noite

processos colonizatórios, escravidão, sociedade do espetáculo
david foster wallace deve ter entendido donnie darko
eu não e nem pretendo

era preciso sorrir como os neandertais
para enganar as estudantes de psicologia
mas as boas conversas foram incontáveis

por quantos meses
eu não sorri
para todas as flores dos insetos
e as arranquei com vários objetos cortantes

eu sou só o rabecão
à espera da morte

fui um atleta olímpico
na noite de oruro

discuti com os vigias
em parques públicos

beijei a boca fria
da linguagem

tive o céu da cidade
entre os cotovelos

48   O REI PÁLIDO

david foster wallace
aperta o nó da corda
no pescoço

um rascunho, um esboço
do prédio
e seu tamanho absurdo

david foster wallace vocifera
terá de ser feito
corrigir a merda

é hora do pescoço ver
o que o cu pesa

em sua pele ficou só
esse vermelho
sinal de que amamos
e pronto

EU SOU VINCENT MOON

havia fumo
no vento

e elegantes
mistérios

trazia escrita
na cara

a marca
da minha infâmia

havia fumo
no vento

eu sou
vincent moon

MAIS MISTÉRIO

porque tudo acaba
menos o vazio

de acordar
de um sonho

ou de ver as fotos
de river phoenix

o mundo não ensina
a decifrar seu par de olhos

SUA PARTIDA

meu psicológico
é lentamente destruído
pelo seu rosto
no porta-retratos

imagine amanhã
às 10 horas
se hoje eu já nem passo
pano em meus sapatos

estou mais fora de contexto
que um inuíte na caxemira

me sinto um louco
sem desfaçatez

hoje me sinto allen ginsberg
que escreveu

"tudo cinzas
cinzas outra vez"

III. RIACHO DOCE & THE HOLDING COMPANY

EU ASSASSINO FUTUROS

eu assassino futuros
como quem chupa laranjas rápido
depois de descascá-las devagar

e na brecha roxa do seu ventre
eu construo, solitário, orgasmos
que num instante se acabam

MINHA INCRÍVEL E TRISTE HISTÓRIA

eu giro teso
ao redor do equívoco

caio nele
com espalhafato

como o personagem secundário
de um filme coreano

a zanzar eternamente
pelas quadras

REMOTA ESTAÇÃO

I

chega a madrugada e eu fantasio com a solidão do meu pai
seus livros de vargas llosa e seus discos de janis joplin
suas memórias lacradas e suas histórias mal contadas
seus dias perdidos na noite e suas noites perdidas no dia
seu esporão da loucura e seu gosto férreo na boca
o cheiro que sente no morro da virgem dos pobres
a memória que o vem à cabeça ao sentir a grama molhada
aquela velha lembrança da voz de sua mãe à tarde
e das mulheres que ele amou sem suspeitar do nome

fantasio com as memórias do meu pai
e sei que um dia lembraremos desse tempo

II

minha mãe está afogada
nos mares da minha infância
lembro dela agora
como lembro dos dias de banda
está tudo preso no tempo

irrepetível
como esta lembrança

O FIM DO VERÃO

I

a morte deixa seu rastro
na carne dos homens

e eles ficam curiando
o caralho dos cachorros

a morte com a língua queimada
já saudosa regressa

pra rodear os verões
mais felizes das nossas vidas

os cabelos do peito do meu tio
o colar dourado

a barba espetada
o maxilar perdido nas bochechas

o focinho do bicho
rasgando a terra

II

o caldo empestado de cominho
e papel queimando forte

de repente a luz se apaga
em fevereiro (sob a luz de aquário)

quando o pai morreu
meu tio eduardo criou os 3 irmãos

meu tio morreu aos 46 anos
encerrando o verão

III

minha mãe dorme
alheia à vida nos bosques

quando morrer ela quer
que eu ponha fogo em seu colchão

pra que ninguém mais durma
deitado sobre seu remorso

seu fim
está próximo

IV

a cama do hospital espancava a consciência
a cada dia a cada noite

lá fora as violetas
sustentavam o fogo
inutilmente

CAMINHO DAS PEDRAS

seus pés deixavam rastros na areia
e ela foi ver onde este rio deságua

quem a vê não vê que ela é feliz
quando volta tarde pra casa

ela não pode mais me abraçar
porque o futuro não tem futuro

talvez eu possa ser
meu próprio pai

minha mãe, cadê você?
ela está aqui, você não vê?

CANÇÃO PRA CHAMAR GARUDA

trazer na própria pele
o mistério

e revelá-lo, a ti: o meu
maior segredo

para que você destrinche-o
cuidadosamente

para que o pássaro pouse
sobre nossos corpos

CAMINHA COMIGO

para onde vou
quando acaba o poema?

para o leste
e você poderá
vir comigo

ACRÍLICO SOBRE CARVÃO

roupões de seda
em corpos distantes
lentamente realocados
nos armários

em cabides curtos
e guardados
atrás de vasos
de porcelana

no diastema entre os dentes
nas frestas do meu corpo branco
nos orifícios de casas antigas
em invernos passados

nos peixes presos nas locas
e na chuva que caía às vezes
devagar e breve
sobre os telhados improvisados
do seu bairro

DE PARTIDA

eu mastigo seu nome
numa alameda comprida
ao largo da avenida paulista
enquanto o cinza engole
nossas mãos entrelaçadas

e esses carros se atropelam

MEU TIO E EU

viajo pelo deserto
e sinto que vou morrer

quando encarno de súbito
num tempo do meu passado

era o meu tio e eu
e dois cavalos negro-azulados

eu buscava o que era ser homem
enquanto tangia o gado

pelos olhos percebo o tempo
saudoso da inexistência

entre meu tio e eu
o silêncio avançava

como se fôssemos bichos
montados em seus cavalos

precisamente dois barcos
ansiosos por terra firme

O VOO DA BORBOLETA

para ivana fontes

> *"Minha amiga vou fremindo*
> *embebido em tua luz"*
> *Cacaso*

escrever um poema que vai do deserto ao mar
como este sobre o meu tio

para que você o ache bonito
minha amiga

quando eu morrer só te peço que solte
esses tigres da jaula

e não escave meu corpo do escombro
enquanto esse disco recomeça

estamos em dois mil e vinte e três
e minha pátria é a memória

como este mistério que pulsa
no voo da borboleta

parto de um ponto: nunca mais
seremos os mesmos

nas cidades e em seus corações
terríveis, nada continua

nos paraísos distantes, nos
ferimentos cirúrgicos, no centro
de uma alucinação barulhenta, nos
delírios noturnos: nesses lugares
é onde você permanece

você e seu perfume de massa
fresca, você e o sabor da
substância – no sacolejar
de uma lembrança, ou ainda
de um pesadelo

como o de estar encarcerado
ao presente e às imagens selvagens
do fim do mundo

IT'S JUST WIND

eu só queria colocar
uma criança em você — e ela teria
o mesmo nome que eu num
mundo perfeito
se existissem mundos perfeitos: ou ainda
mundos que não esse nosso
socado de alvejante e de memórias trágicas

e de vento gelado esmagando nosso peito
na escada de saída da estação de metrô
da rua vergueiro

70 ESCRITA DOS OSSOS

memória do vício
e do seu beijo

a verdadeira
aula de relâmpagos

monta-se o amor
tão hediondo

na nossa cidade
amaldiçoada

na geografia
do seu corpo

o seu beijo
é um presságio

CHUVOSA E VIOLENTA

dança incessante

os braços abertos
do asfalto choram

há luzes incomunicáveis
enquanto vemos os prédios

criaturas desnorteadas
asfixiam-se com a vida

são paulo chuvosa e violenta
inspira insatisfeita

no meu coração furado

MEMÓRIA DOS OSSOS

meus dias em
vênus

esparsos sonhos
na linguagem

beatriz brilha
nos solstícios

cosida
ao céu

com a linha
do horizonte

somos dois
bichos-da-seda

2019

o mundo não passava da ideia
de uma nova década

e na folha em branco da minha vida
eu rabiscava um tímido parágrafo

junto às estranhas experiências
no apagar das luzes do meu quarto

que se esvaíram
alheias ao meu desejo

e eu nem lembro
se cheguei a sentir medo

POSFÁCIO

Por André Santa Rosa

Ao nos dispor suas palavras enquanto rastro de quem já passou, Mateus Magalhães permite que o tempo seja o verdadeiro protagonista de *outros lagartos*. Algo semelhante a como pontuou Silviano Santiago se referindo a Drummond[4], quando disse que o poeta articula o mundo no poema, alçando-o então à condição intemporal, e em um só gesto se torna eterno e livre do contato com corrosão. É ainda no poema de abertura do livro, "pitando", que desta breve articulação podemos constatar que a voz influente de Mateus, após sete anos de hiato da literatura, quer pensar o que o acúmulo do tempo tem de presente e ausente na transformação de sua poética.

Aqui, a ideia de voz não é por acaso: Mateus tem capacidade de projetá-la. Afinal, desde que iniciou na literatura, o autor tem como virtude o poder mobilizador de pessoas – me incluo aqui – ao redor de coisas brilhantes como a música[5] e a poesia. É curioso pensar que essa voz mobilizadora se estende de forma emocional na vastidão da sua poesia, em especial, através do gesto de mapear plêiades em seu terceiro livro.

---

4 Em Carlos Drummond de Andrade, Coleção Poetas modernos do Brasil, de 1976.

5 Que pode ser visto em alguns projetos musicais como a banda Azul Azul, que também nos mostra um Mateus Magalhães enquanto compositor profícuo.

Nesse sentido, é fundamental a forma como *outros lagartos* consegue coser efígies sob um mesmo plano. É possível pensar o livro num aspecto semelhante aos bestiários, uma reunião de criaturas alegóricas e simbólicas, existentes ou não. Tanto que essa obra é fruto de um processo de criação mais esgarçado, ainda que menos litúrgico, semelhante ao formato também praticado por monges na Idade Média e depois apropriado por escritores como Borges[6] e Cortázar[7].

O livro abre justamente com esses lagartos, animais de sangue frio e que, por isso, a maioria deles procura lugares quentes para viver. Exatamente como se estivessem nas ruínas de uma Maceió futura, ou até em Jacaré dos Homens, cidade natal da família do autor. E mesmo quando o animal não é mais um lagarto, o bestiário passa a ser uma coleção de outros escritores, amigos, familiares, de lembranças tão escamosas quanto os próprios bichos.

A princípio, somos fisgados pela relação da memória e natureza. O léxico recorrente como céu, pedra e lua parece como uma intromissão por detrás da artificialidade dos prédios cinzentos. E, de fato, tendem a ser cada vez mais, especialmente no antropoceno, que avança sobre o poeta e as suas cidades na mesma medida que os anos de sua juventude recuam. Destaque para a apresentação dos bichos que dão título ao livro, na sonoridade da aliteração cadenciada do poema "lagartos":

réptil repulsivo
rápido feito
revólver

---

6   O Livro dos Seres Imaginários, de 1957.

7   Bestiário, de 1951.

rápido
feito
réptil

Em uma envergadura que vai da ojeriza à malícia, que permeia toda a poética do autor, o texto abre a sequência a outros da mesma espécie. Num processo de regeneração e renascimento, muito semelhante ao que imaginou Safo quando diz: *Eis que Amor solta-membro estremece-me / agri-doce intratável reptílico.* Até que do mato para nossa surpresa não sai mais lagarto e, sim, um outro homem, que ainda muito novo aprende a amar.

A sequência do nascimento humano, que abre a metade intitulada *estranha simetria*, se desprende da forma anterior colocando a escrita e a voz em alusão a outros poetas. Ao abrir com Caio Valério Catulo, poeta lido por seus contemporâneos como menor, hoje lido como vanguarda, o autor nos coloca em uma espécie de fita de Möbius da poesia, colidindo poetas de tempos distintos que sequer se conheceram, mas se copiaram, replicaram e responderam, num gesto que agora cabe ao escritor deste próprio livro.

É justamente essa a *estranha simetria*: poéticas que de forma tão especial se combinam, mesmo que distantes em seus períodos de atuação. É um trabalho de dobrar e sobrepor tempos que realiza Mateus de maneira única em *outros lagartos*. Uma relação que é sintetizada sobremaneira nos versos do poema intitulado "terceiro livro".

o tempo da poesia é superposto
e preserva e revive a herança
de poetas em continuidade

poéticas dialogam além-tempo
colidem, ruidosas
sem dar atenção às eras

as afinidades se chocam
e se retroalimentam

constroem ponto de contato
entre fogos poéticos

O poema parte de uma ideia muito borgeana[8], como se o livro e o gesto da escrita fossem essa biblioteca infindável, onde o poeta se camufla em Catulo, Villon, Blake, Pound, Ginsberg, Piva, Dylan, Foster Wallace e tantos outros. Expõe um autor, que também é leitor diligente, inventivo ao nos fazer pensar a leitura enquanto processo mais conectado à escrita.

Numa passagem sutil, *outros lagartos* dobra o tempo em outro sentido no seu terceiro tomo "riacho doce & the holding company", encarando o incontornável, nos apresenta cenas de um álbum de família. Se anteriormente o livro permitia que seu protagonista secreto, o tempo, se sobrepusesse através do texto, neste momento ele se torna um objeto que sobrevive dentro do livro, mas nunca além dele. Como o poema título da seção sintetiza.

---

8   A Biblioteca de Babel do livro *Ficciones*, de Jorge Luis Borges, de 1944.

você e seu perfume de massa
fresca, você e o sabor da
substância – no sacolejar
de uma lembrança, ou ainda
de um pesadelo

como o de estar encarcerado
ao presente e às imagens selvagens
do fim do mundo

Dessa maneira, *outros lagartos* é muito preciso em entender que o tempo do poema é outro. E que as próprias presenças e ausências, para além do luto, são recursos passíveis de serem manipulados com a linguagem. Como nos apresenta Bosi, quando diz que a imagem é um modo de presença que tende a suprir o contato direto e a manter, juntas, a realidade do objeto em si e a sua existência em nós[9].

Eventualmente, de frente a uma página em branco tudo isso pode ser projetado. A genialidade de *outros lagartos* se apresenta à medida que o livro é um sistema de vida e tempo próprio, porque seu autor alça novo passo ao estar mais consciente do processo de criação. Afinal, a interdição da escrita não significa que o poema não continuou ali, sendo feito silenciosamente, em meio a um desabamento desatinado e outro membro destacado do corpo. Como um bicho que silenciosamente caminha em direção ao sol, sem saber do medo.

---

9   *O ser e o tempo da poesia*, de Alfredo Bosi, de 1977.

CARA LEITORA, CARO LEITOR

A **Cachalote** é um selo do grupo editorial **Aboio** criado em parceria com a **Lavoura Editorial**.

Lemos, selecionamos e editamos com muito cuidado e carinho cada um dos livros do nosso catálogo, buscando respeitar e favorecer o trabalho dos autores, de um lado, e entregar a vocês, leitores, uma experiência literária instigante.

Nada disso, portanto, faria sentido sem a confiança que os leitores depositam no nosso trabalho. E é por isso que convidamos vocês a fazerem cada vez mais parte do nosso oceano!

Todas as apoiadoras e apoiadores das pré-vendas da **Cachalote**:

— **têm o nome impresso nos agradecimentos dos livros;**
— **recebem 10% de desconto para a próxima compra de qualquer título do grupo Aboio.**

Conheçam nossos livros e autores pelos portais **cachalote.net** e **aboio.com.br** e siga nossos perfis nas redes sociais. Teremos prazer em dividir com vocês todos nossos projetos e novidades e, é claro, ouvir suas impressões para sempre aprendermos como melhorar!

Embarque e nade com a gente.

Cada livro é um mergulho que precisa emergir.

APOIADORAS E APOIADORES

Agradecemos às 215 pessoas que apoiaram nossa pré-venda e confiaram no trabalho feito pela equipe da **Cachalote**.

Sem vocês, este livro não seria o mesmo.

A todos os que escolheram mergulhar com a gente em busca de vozes diversas da literatura brasileira contemporânea, nosso abraço. E um convite: continuem acompanhando a **Cachalote** e conheçam nosso catálogo!

Adriana Maria Carneiro
da Cunha Moraes
Adriane Figueira Batista
Alexander Hochiminh
Aline Amorim de Assis
Allan Gomes de Lorena
Allan João Cavalcante Lima
Amanda Escobar
Amannda Lopes Santos
Barbosa de Oliveira
Ana Beatriz Oliveira Israel
Ana Thereza Sanches
Fernandes Távora
André Araújo
Falcão Gonçalves
André Balbo

André Costa Lucena
André Pimenta Mota
André Santa Rosa
Andreas Chamorro
Andressa Anderson
Anna Luisa Carvalho Paes
Barreto dos Anjos
Anthony Almeida
Antonio Pokrywiecki
Ari Denisson da Silva
Arthur Lungov
Beatriz Tavares
Bianca Monteiro Garcia
Brenda Valéria
da Silva Martins
Bruno Mendonça Lima

Bruno Rodrigues
Caco Ishak
Caio Balaio
Caio Girão
Caio Palmeira
Calebe Guerra
Camilo Gomide
Carla Guerson
Cássio de Araújo Silva Filho
Cecília Garcia
Cícero Marra
Cintia Brasileiro
claudine delgado
Cleber da Silva Luz
Cristiano Silva Magalhães
Cristina Machado
Daniel Dago
Daniel Dourado
Daniel Giotti
Daniel Guinezi
Daniel Leite
Daniel Monteiro Constant
Daniela Rosolen
Danilo Brandao
Davis Fellipe Gomes Pereira
Delanisson de Araujo Pereira
Denise Lucena Cavalcante
Dheyne de Souza

Diogo Maia Melo
Diogo Mizael Motta Teodoro
Eduardo Henrique Valmobida
Eduardo Lira
Eduardo Rosal
Eduardo Valmobida
Elenilda Silva de Oliveira
Elisabeth Santos Freitas
Ellen Ribeiro Brandão Falcão
Gonçalves Deliberato
Enrico Sionti
         de Medeiros Paulino
Enzo Vignone
Érika Santos
Fabio Gonçalves de Oliveira
Fábio José da Silva Franco
Febraro de Oliveira
Flávia Braz
Flávio Ilha
Francesca Cricelli
Frederico da Cruz
         Vieira de Souza
Gabo dos livros
Gabriel Augusto
         Barreto França
Gabriel Cruz Lima
Gabriel Stroka Ceballos
Gabriela Machado Scafuri

Gael Rodrigues
Giselle Bohn
Guilherme Belopede
Guilherme da Silva Braga
Guilherme Lamenha
Gustavo Bechtold
Gustavo Henrique
de Souza Leão
Henrique Emanuel
Henrique Lederman Barreto
Igor Cavalcante
Igor Sousa Peixoto
Isabelle Cabral de Melo
Ivana de Lima Fontes
Izabela Gonçalves
Borba Rocha
Jadson Rocha
Jailton Moreira
Jefferson Dias
Jessica Wilches Ziegler
de Andrade
Jheferson Rodrigues Neves
João Luís Nogueira
João Victor de Castro Chaves
Joao Victor Gomes Gama
Jorge Lima Lopes Lôbo
José Maurício
Falcão Gonçalves

Joyce Caroline
Cavalcante Pantaleão
Júlia Gamarano
Júlia Vita
Juliana Costa Cunha
Juliana Slatiner
Júlio César Bernardes Santos
Karen Daniele
de Araújo Pimentel
Karla Sarmento Damasceno
Kassia Luzia Lima Rodrigues
Laís Araruna de Aquino
Laryssa Custódio
de França Pereira
Laura Redfern Navarro
Lee Flôres Pires
Leitor Albino
Leonardo Pinto Silva
Leonardo Zeine
Leticia Almeida Silva
Liara Santos de Carvalho
Lili Buarque
Lolita Beretta
Lorena Firmino
Lorenzo Cavalcante
Lucas Ferreira
Lucas Lazzaretti
Lucas Litrento

Lucas Mateus
        Moraes de Azevedo
Lucas Soares
Lucas Verzola
Luciano Cavalcante Filho
Luciano Dutra
Luis Felipe Abreu
Luísa Machado
Luiza Lippo
Luiza Wanderley Lippo
Lydio Clark
        de Carvalho Barbosa
Manoela Machado Scafuri
Marcela Roldão
Marco Bardelli
Marcos Vinícius Almeida
Marcos Vitor Prado de Góes
Maria Clara Braga de Lima
Maria Clara Porto Vergetti
        de Siqueira
Maria do Carmo Milito Gama
Maria Fernanda Vasconcelos
        de Almeida
Maria Helena Tenorio
Maria Inez Frota
        Porto Queiroz
Maria Victória Silvestre
        de Souza Bezerra

Mariana Donner
Mariana Figueiredo Pereira
Mariana Sena Bomfim
Marina Avila
Marina Lourenço
Mateus Marques
        de Albuquerque Borges
Mateus Santana
        Borges dos Santos
Mateus Torres Penedo Naves
Matheus Miranda Machado
Matheus Picanço Nunes
Mauro Paz
Mickael Severo
Milena Martins Moura
Millena de Souza Silva Lopes
Minska
Natália Cecília
Natalia Timerman
Natália Zuccala
Natan Schäfer
Nathalia Leal
Nathaly Oliveira
        de Almeida Correia
Nayara Silva dos Santos
Nilton Resende
Otto Leopoldo Winck
Patrícia Santos Tavares

Paula Araújo
Paula Maria
Paulo Scott
Pedro Chamberlain Matos
Pedro Melo Neves
     da Costa Barros
Pedro Torreão
Pietro Augusto Gubel Portugal
Rafael Mussolini Silvestre
Rafaella Rosado
Ricardo Kaate Lima
RIita Maria Diniz Zozzoli
Rodrigo Barreto de Menezes
Rômulo Coelho Gonçalves
Rosalva Maria
     Damião Gomes Gama
Roseanne Rocha Tavares
Roseni Rocha Tavares
Roseni Rocha Tavares
Sabrina Dalbelo
Sálvio Kkeverton Correia
     Marinho Filho
Samara Belchior da Silva
Sergio Mello
Sérgio Porto
Sérgio Prado Moura
Sofia Lopes de Castro
Sofia Rolim

Tainá de Mendonça
     Lopes Tavares
Teresa de Lisieux Rocha Ferro
Thais Fernanda de Lorena
Thassio Gonçalves Ferreira
Thayná Facó
Thiago Carvalho Miranda
Tiago Moralles
Valdir Marte
Victor Pires
Vinicius Martins Lopes
Viviane Araújo Nascimento
Weslley Silva Ferreira
Yasmin Calheiros
     Moreira de Amorim
Yvonne Miller

EDIÇÃO André Balbo

ASSISTENTE DE EDIÇÃO Nelson Nepomuceno

REVISÃO Veneranda Fresconi

CAPA Luísa Machado

COMUNICAÇÃO Thayná Facó

PROJETO GRÁFICO Leopoldo Cavalcante

POSFÁCIO André Santa Rosa

© da edição Cachalote, 2024
© do texto Mateus Magalhães, 2024
© do posfácio André Santa Rosa, 2024

Todos os direitos reservados. Nenhuma parte desta obra pode ser reproduzida, arquivada ou transmitida de nenhuma forma ou por nenhum meio sem a permissão expressa e por escrito da Aboio.

Grafia atualizada segundo o Acordo Ortográfico da Língua Portuguesa de 1990, que entrou em vigor no Brasil em 2009.

Dados Internacionais de Catalogação na Publicação (CIP)
Eliane de Freitas Leite — Bibliotecária — CRB-8/8415

Magalhães, Mateus
  Outros Lagartos / Mateus Magalhães -- São Paulo : Cachalote, 2024.

  ISBN 978-65-982871-4-6

  1. Poesia brasileira I. Título

24-207885   CDD-869.1

Índices para catálogo sistemático:
1. Poesia : Literatura brasileira

[2024]

Todos os direitos desta edição reservados à:
ABOIO EDITORA LTDA
São Paulo — SP
(11) 91580-3133
www.aboio.com.br
instagram.com/aboioeditora/
facebook.com/aboioeditora/

[Primeira edição, maio de 2024]

Esta obra foi composta em Adobe Garamond Pro.
O miolo está no papel Pólen® Natural 80g/m².
A tiragem desta edição foi de 300 exemplares.
Impressão pelas Gráficas Loyola (SP/SP)

A marca FSC® é a garantia de que a madeira utilizada na fabricação do papel deste livro provém de florestas que foram gerenciadas de maneira ambientalmente correta, socialmente justa e economicamente viável, além de outras fontes de origem controlada.